W0265812

L'Or du soir qui tombe

ISBN : 978-2-7029-2686-4

www.editions-tredaniel.com

info@guytredaniel.fr

www.facebook.com/tredaniel.bienvivre

@tredaniel_bienvivre

Korrig' Anne

L'Or du soir qui tombe

Parents d'une étoile

LE COURRIER DU LIVRE
graphic

À Gabrielle, ma sœur, mon étoile.

À vous tous, les parents d'étoiles.

À toutes les personnes
extraordinairement différentes.

Préface

Il y a six ans, quand j'ai dit au revoir à mon premier bébé, je n'avais jamais entendu parler du deuil périnatal. **Je suis tombée dans un monde dont je n'avais jamais soupçonné l'existence : le point aveugle de la grossesse et de la maternité.**

Oui, c'est effrayant et impensable que des bébés décèdent en cours de grossesse ou peu de temps après leur naissance. **Mais doit-on pour autant se garder d'en parler, d'informer et de sensibiliser parce que cette épreuve fait peur ?**

En 2020, j'ai donc lancé Au Revoir Podcast, consacré au deuil périnatal sous toutes ses facettes. Le but était de faire entendre les voix de celles et ceux qui avaient traversé ce drame, quelles qu'en soient les raisons médicales. Et petit à petit, j'ai compris que non seulement **ces histoires de deuil faisaient du bien aux auditrices et aux auditeurs qui les écoutaient, mais qu'elles permettaient aussi à des professionnel·le·s de mieux comprendre ce qui se jouait lors de la perte d'un bébé.**

J'ai aussi découvert que sensibiliser, ça ne voulait pas dire « effrayer ». Sensibiliser, c'est avant tout soutenir. **Soutenir en premier lieu les personnes qui vivent ce drame**, qui ont du mal à trouver des ressources, qui se demandent si ce qu'elles vivent est « normal » ou « anormal ». **Soutenir aussi les proches de ces parents endeuillés**, leur donner des clés pour mieux être présents pour leur fille, fils, ami·e, collègue en plein deuil. **Soutenir, enfin, les soignant·e·s qui sont en première ligne pour accompagner les parents** au moment où ils doivent dire au revoir à leur bébé.

Sensibiliser, c'est tout simplement dire : ça existe. Ça ne vous arrivera peut-être pas, mais si c'est un jour le cas, vous en aurez entendu parler, vous saurez plus facilement identifier les associations, groupes de parole, supports qui vous aideront dans votre chemin de deuil. Vous vous sentirez moins seul·e, donc. Et si cela arrive à une personne de votre entourage, vous serez mieux armé·e pour l'aider et l'épauler dans cette tempête.

Sensibiliser, c'est aussi rendre visible une épreuve taboue. Rendre visible ces parcours douloureux, ces bébés tant aimés dont personne ne parle. **C'est tout simplement briser un silence qui, très souvent, fait mal.**

Sensibiliser, c'est enfin mettre en lumière des histoires de reconstruction, des histoires familiales qui méritent, comme les autres, d'être racontées. **C'est mettre en lumière des parcours douloureux, certes, mais aussi et surtout empreints d'amour.**

Sophie de Chivré,
Créatrice d'Au Revoir Podcast
Aurevoirpodcast.com

Prologue
ou l'insouciance

Novembre
Alors, alors ?
Voici l'histoire de ces deux-là.

Décembre
Beuaaaak !
Est-ce une histoire vraie ?

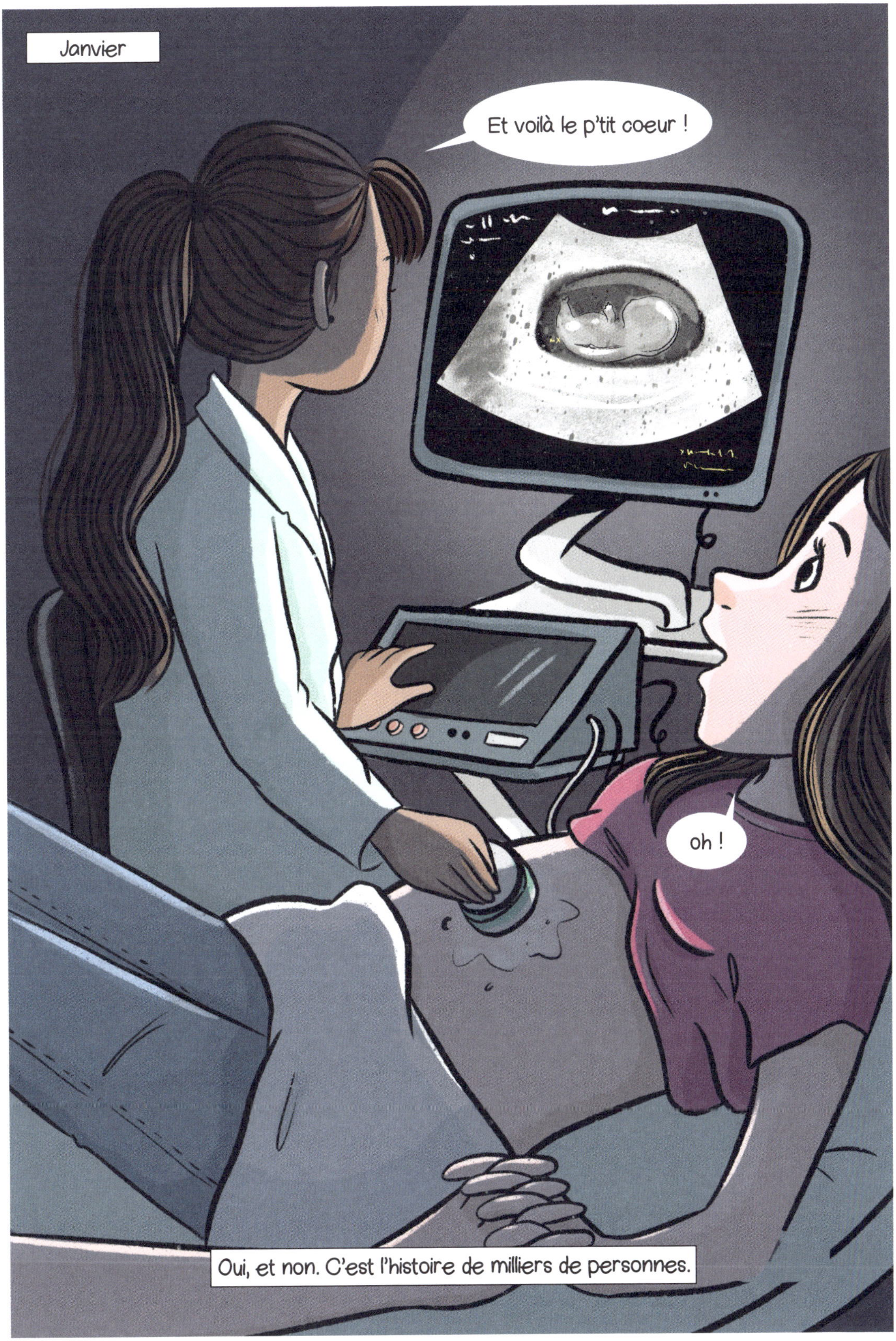
Janvier
Et voilà le p'tit coeur !
oh !
Oui, et non. C'est l'histoire de milliers de personnes.

Février
Et de tous ceux qui ont vécu la même chose.
Dentifrice

Mars
BOY
A BOY
A BOY
A BOY
A BOY
A BOY
IT'S A BOY
Ils représentent ceux dont on ne parle jamais.

Avril
Ils sont les porte-parole de vos voix silencieuses.

Mai
JANE AUSTEN
Orgueil et Préjugés
Ils racontent leur histoire. Juste leur histoire.

Il était une fois
deux cœurs heureux
qui allaient éclater
en miettes
...

Partie 1

Le cauchemar

Juin
9 mois

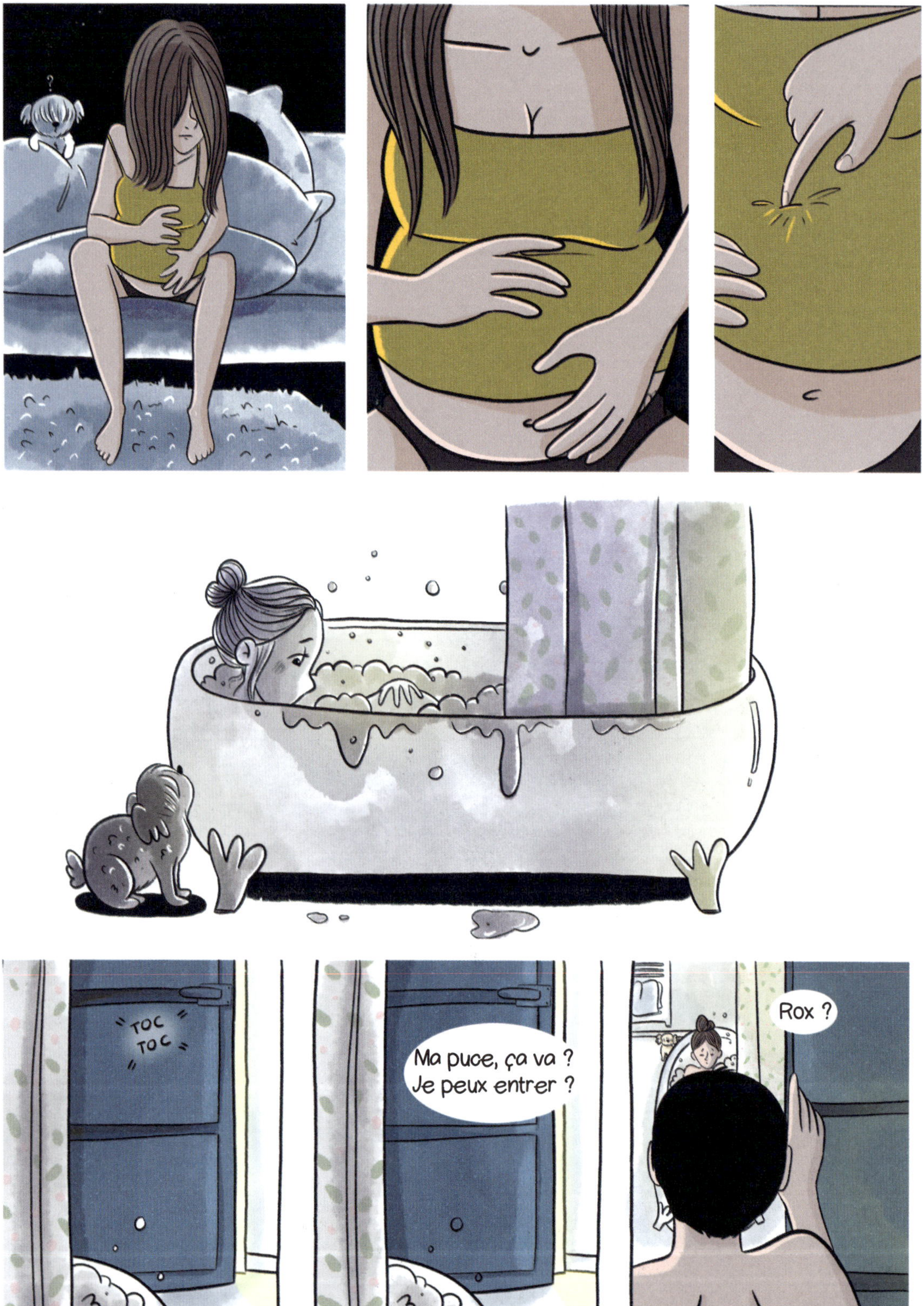
TOC TOC
Ma puce, ça va ?
Je peux entrer ?
Rox ?

Je sais pas, Charles, C'est bizarre
J'ai l'impression que quelque chose cloche avec le bébé.
Je ne le sens plus bouger depuis un moment.

Il n'y a sûrement rien de grave, ma puce.
Tu préfères qu'on aille vérifier à l'hôpital ?
Je sais pas.
Allez, viens, on s'habille et on y va.

Allez, mon poussin, bouge. Je t'en supplie...

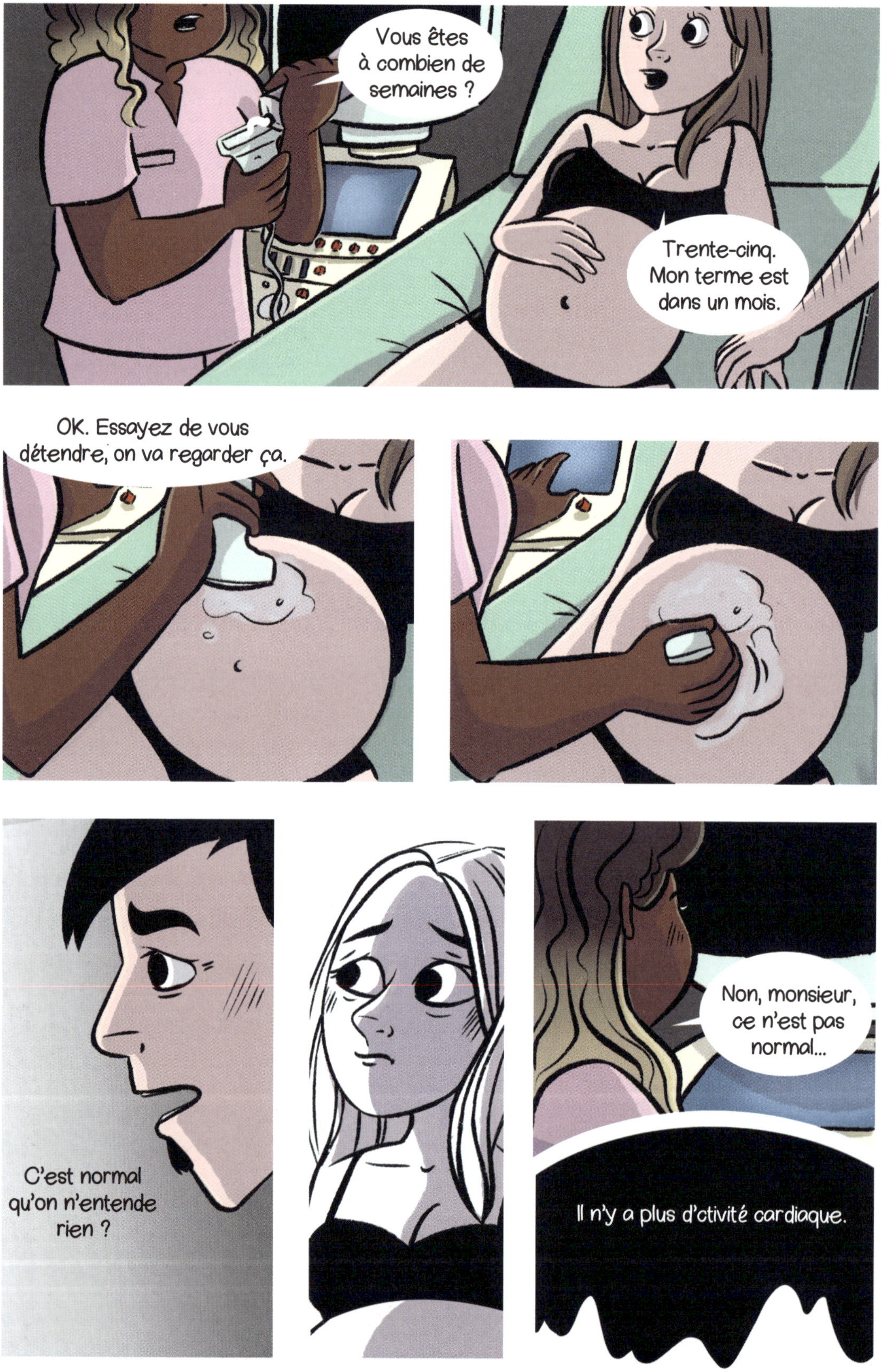
Vous êtes à combien de semaines ?
Trente-cinq. Mon terme est dans un mois.
OK. Essayez de vous détendre, on va regarder ça.
C'est normal qu'on n'entende rien ?
Non, monsieur, ce n'est pas normal...
Il n'y a plus d'ctivité cardiaque.

Poussez !
Poussez !
Je ne peux plus... peux plus...
Charles, je ne peux plus.
Tiens bon, ma puce !

Mon amour
Mon amour, il est là.

Oh, mon petit garçon,
tu es si beau.
Mon petit Lazare.
Mon fils.

Bonjour, Roxane.
Désolé de vous embêter.
Ce ne sera pas long.
Il faut que vous preniez dès maintenant ces comprimés.
D'accord... À quoi servent-ils ?
Eh bien... euh... c'est pour que... la montée de lait ne se produise pas...
Je suis vraiment désolé...

Partie 2

Le deuil

Demain, dès l'aube, à l'heure où blanchit la campagne,
Je partirai. Vois-tu, je sais que tu m'attends.
J'irai par la forêt, j'irai par la montagne.
Je ne puis demeurer loin de toi plus longtemps.

Je marcherai les yeux fixés sur mes pensées,
Sans rien voir au-dehors, sans entendre aucun bruit,
Seul, inconnu, le dos courbé, les mains croisées,
Triste, et le jour pour moi sera comme la nuit.

Je ne regarderai ni l'or du soir qui tombe,
Ni les voiles au loin descendant vers Harfleur,
Et quand j'arriverai, je mettrai sur ta tombe
Un bouquet de houx vert et de bruyère en fleur.

Victor Hugo

Poème écrit pour sa fille Léopoldine, qui périt tragiquement.

Trois mois plus tard

Septembre

Roxane, je suis inquiet pour toi.
Tu ne fais plus rien. Tu parles à peine. Tu t'allonges toute la journée. Tous les jours, c'est la même chose.
Je ne sais pas quoi te dire, Charles. Notre bébé de la dernière chance est mort. Je pleure son absence et je pleure la fin de tous nos espoirs.
Je ne sais même plus pourquoi j'existe.
Chaque journée est un supplice.
Oh, Rox...

Octobre

Ding Dong
Bonjour, maman
Bonjour ma chérie. Comment vas-tu ?
Tu as encore maigri...
Charles m'a dit que tu n'allais pas mieux.
Il faut que tu passes à autre chose, maintenant, ma chérie. Que tu tournes la page.
Tu es jeune. Tu as encore tellement de choses à vivre !
SUZETTE

NON !
NON ! Maman ! Je ne peux pas entendre ça !
Je ne peux pas tourner la page. C'est ça que personne ne veut comprendre ! J'ai un fils. Son existence a duré le temps d'un soupir, mais il a existé !
Tout le monde voudrait que je passe à autre chose pour aller mieux, mais moi, c'est cette indifférence qui me fait mal. Je veux parler de mon enfant. À longueur de temps !
Je veux parler de ce qu'il aurait pu devenir, de quelle famille nous aurions pu être. Je voudrais parler de ses longs doigts fins et de ses cheveux foncés.

Je ne veux pas qu'on s'adresse à moi et qu'on prenne de mes nouvelles en évitant le sujet.
Je voudrais que les gens prononcent son prénom. Souvent.
Chhhhhhhh !
Lazare ! Lazare, mon enfant !
?

Novembre

Oh, Marie ! Je vous confie mon petit bébé. Je vous en supplie, veillez sur lui là-haut. Il a besoin d'une maman.
S'il vous plaît, soyez sa maman, jusqu'au jour où je le rejoindrai !
Merci. Snif. Merci.

Slurp
Slurp
Hihi, moi aussi je suis contente de te retrouver, ma Suzette.
C'est toi, ma puce ?
Oui !
Ça va ?
Je crois que oui.

Partie 3

L'appel du cœur

J'aime bien aller au ciné l'après-midi.
Oui, ça donne l'impression d'avoir une vie secrète.
On va se prendre un chocolat chaud ?
Yes !

On est super à la bourre, il faut qu'on accélère, ma chérie.
MICR FO
12

12

OINFO
12
Tu sais que ta mère a encore acheté des fringues pour la petite ? Elle est complètement gaga, hihi.

Roxane ?

Je suis prêt !
Je suis prêt à ce qu'on lance la procédure d'adoption !

Oh, mon Dieu ! Tu es sûr ?

Oui. J'avais besoin de prendre mon temps pour ne pas avoir l'impression de "remplacer" Lazare.
Mais je veux être père !

Juin

Joyeux anniverciel, mon amour.
Déjà un an que tu es parti, et le vide est toujours immense.
On pense à toi, p'tit bonhomme. Où que tu sois.
Tu nous manques.
Oh oui, tu nous manques, mon trésor ! On pense à toi tout le temps.
Tu te rends compte qu'on n'a reçu aucun message, à part de nos parents. Personne n'a pensé à lui. Les gens l'ont déjà oublié.
Ils ne l'ont pas oublié, ma puce. Ils ne savent pas que leur silence nous fait mal. Ils ont peur d'être maladroits.

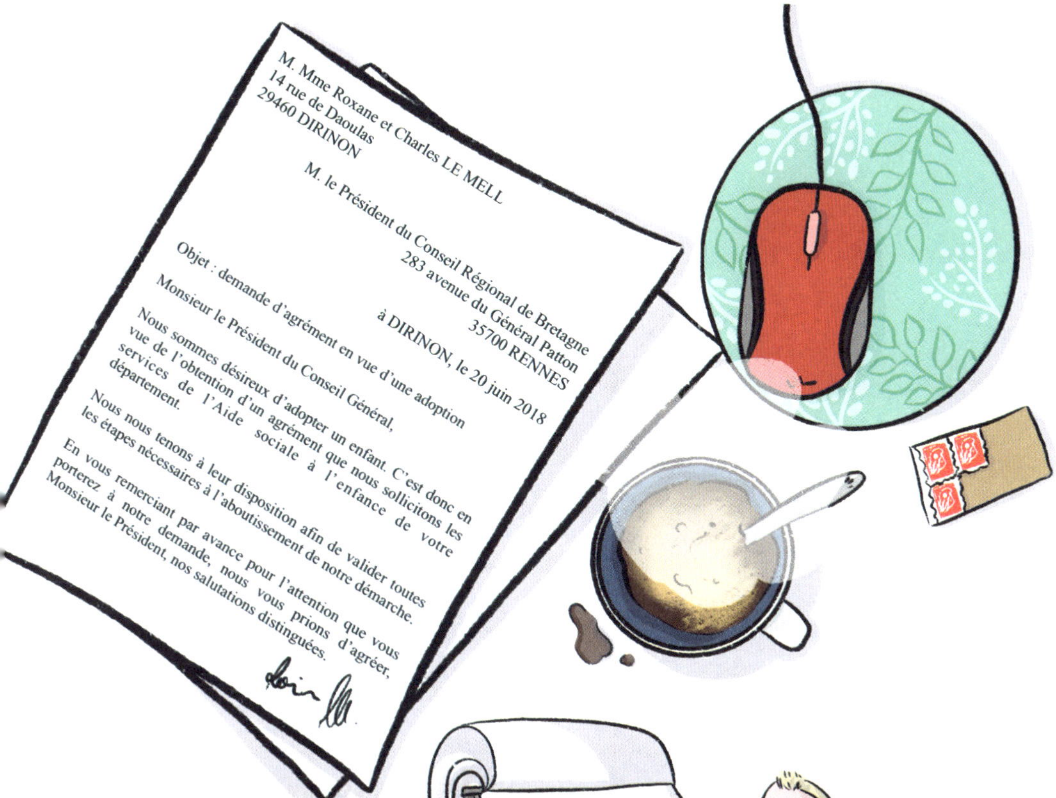
M. Mme Roxane et Charles LE MELL
14 rue de Daoulas
29460 DIRINON
M. le Président du Conseil Régional de Bretagne
283 avenue du Général Patton
35700 RENNES
à DIRINON, le 20 juin 2018
Objet : demande d'agrément en vue d'une adoption
Monsieur le Président du Conseil Général,
Nous sommes désireux d'adopter un enfant. C'est donc en vue de l'obtention d'un agrément que nous sollicitons les services de l'Aide sociale à l'enfance de votre département.
Nous nous tenons à leur disposition afin de valider toutes les étapes nécessaires à l'aboutissement de notre démarche.
En vous remerciant par avance pour l'attention que vous porterez à notre demande, nous vous prions d'agréer, Monsieur le Président, nos salutations distinguées.

RÉUNION
en vue
d'une adoption
Région
BRETAGNE
Juillet

Notre demande d'agrément est confirmée.
C'est parti !
Août

Septembre

Octobre

Novembre
Tu crois qu'on nous proposera un tout petit bébé ?
Je sais pas. Tu as entendu ce qu'ils ont expliqué à la réunion d'information.
Il y a plus de parents en attente d'adoption que d'enfants à adopter.
En tout cas, en ce qui concerne les enfants qui ne sont pas à particularité.
Je n'aime pas ce mot.
Lequel ?
"À particularité".
Particularité ou non, ce sont juste de petites personnes qui ont besoin d'une famille et de parents pour grandir, entourées d'amour.

Tu sais, moi, je pense que je serais prête à accueillir un enfant différent.
Je ne sais pas. Laisse-moi y réfléchir.

Ding Ding
Décembre
Roxane et moi vous annonçons que nous nous sommes lancés dans la grande aventure de l'adoption !

Fantastique !
Eh bien, dis donc, quelle nouvelle !
Je vais avoir un arrière-petit-enfant noir. Ca alors !
Maman...
Trop trop cool !

Janvier

T'es prête, Rox ?
Pfff, je stresse.
Dr ALANI PSYCHIATRE
Bien.
Rassurez-vous, personne ne doute que vous serez de merveilleux parents. Il ne s'agit pas de ça. Mais lorsqu'on en arrive à lancer une procédure d'adoption, en général c'est qu'avant nous sommes passés par de grandes souffrances et de douloureuses déceptions...
J'ai conscience qu'il est très difficile de passer par l'étape du psychiatre pour enfin devenir des parents, alors que la plupart des gens font des enfants sans qu'on leur demande le moindre compte.
Voilà sur quoi nous allons travailler ensemble.

Février

Rox ?
Tu crois qu'on serait capable d'être de bons parents pour un enfant différent ?
QUOI ?
Bah, plus le temps passe, et plus je me dis qu'on en serait capables.
On ne peut pas dire qu'on fait un bébé sur un coup de tête !
C'est quand même mûrement réfléchi. Et puis, on ne serait pas pris par surprise. On aurait le temps de se préparer à sa différence.

Tu sais bien que je mûris ça depuis longtemps de mon côté.
Mais différent comment ? Un enfant déjà grand ?
Je pensais plutôt à un enfant avec un handicap. Un petit qui a besoin de ses parents toute sa vie.
Lazare nous a été enlevé pour l'éternité. J'ai donc une éternité de paternité à rattraper.
Et puis, ces enfants-là ont tant de mal à trouver des parents !
Alors que les autres sont adoptés tout de suite.
Oh, mon Charles ! Je savais que tu étais un homme merveilleux !
Tu viens de dire tout ce que j'avais au fond du cœur depuis des mois.

Mars

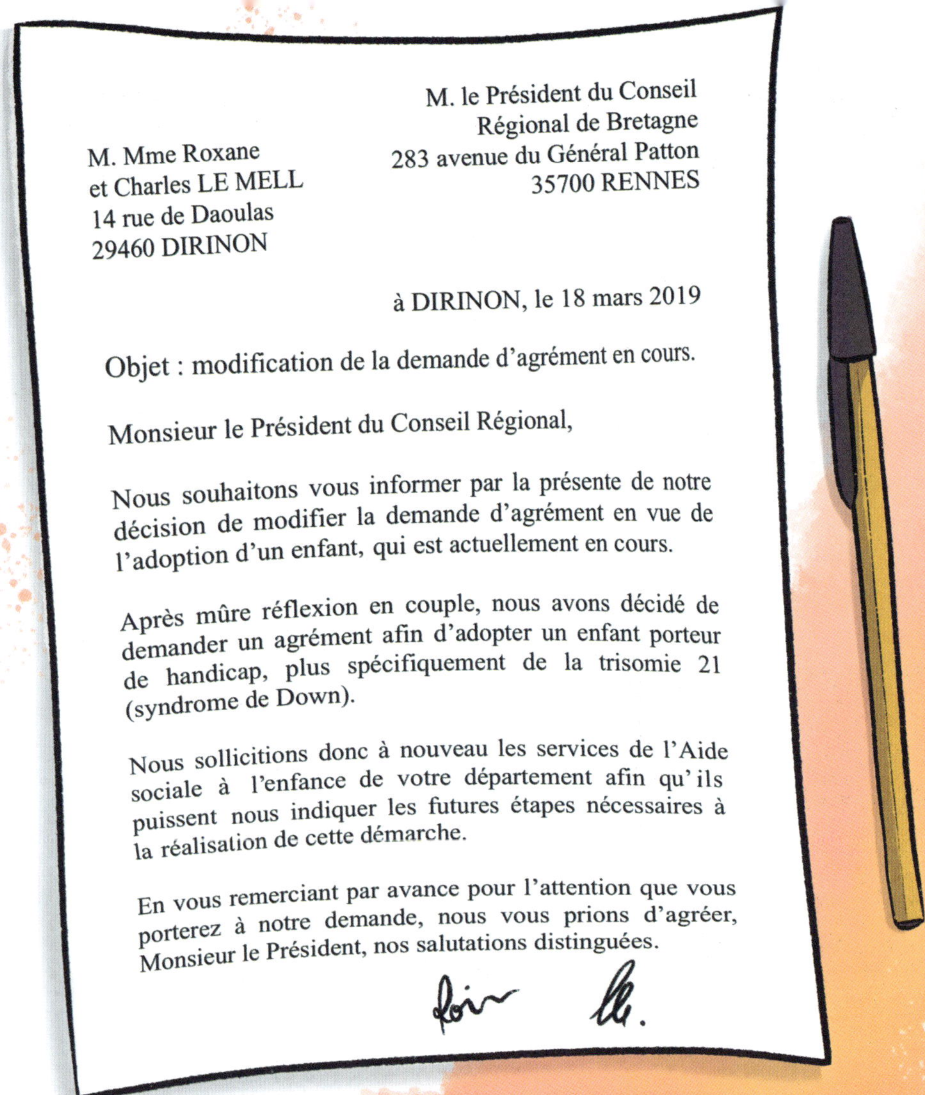

M. Mme Roxane
et Charles LE MELL
14 rue de Daoulas
29460 DIRINON

M. le Président du Conseil
Régional de Bretagne
283 avenue du Général Patton
35700 RENNES

à DIRINON, le 18 mars 2019

Objet : modification de la demande d'agrément en cours.

Monsieur le Président du Conseil Régional,

Nous souhaitons vous informer par la présente de notre décision de modifier la demande d'agrément en vue de l'adoption d'un enfant, qui est actuellement en cours.

Après mûre réflexion en couple, nous avons décidé de demander un agrément afin d'adopter un enfant porteur de handicap, plus spécifiquement de la trisomie 21 (syndrome de Down).

Nous sollicitions donc à nouveau les services de l'Aide sociale à l'enfance de votre département afin qu'ils puissent nous indiquer les futures étapes nécessaires à la réalisation de cette démarche.

En vous remerciant par avance pour l'attention que vous porterez à notre demande, nous vous prions d'agréer, Monsieur le Président, nos salutations distinguées.

Partie 4

L'attente

Avril

*Aide sociale à l'enfance

Les demandes d'adoption d'enfants dits "à particularité" sont encore plus encadrées.
Nous allons avoir besoin d'un nouveau rapport du psychologue, du psychiatre ainsi que de l'assistante sociale.
Je sais que c'est un coup dur. Vous arriviez enfin au terme de la procédure.
Pensez bien que ce temps supplémentaire n'est pas inutile.
Profitez-en pour rencontrer d'autres parents d'enfants porteurs de handicap, allez à la rencontre de personnes atteintes de trisomie 21.
Utilisez cette période pour vous familiariser le plus possible avec ce handicap. Cela aidera votre dossier et vous-mêmes.

Je suis fatiguée...
J'en ai marre de tout ça.
J'ai besoin de faire une pause.
Sinon, je vais craquer...
T'as raison.
Je préviens Évelyne que je prends un congé.
Fais ta valise !
On part !

Voilà ce que je te propose : le maître-mot de ce séjour, ce sera de profiter.
On sirote des cocktails, on bulle sur la plage et on dort.
On parle pas d'enfant, pas de dossier d'adoption, RIEN ! On fait la coupure.
T'as raison, mon coeur. On en a bien besoin.
Les deux dernières années ont été tellement éprouvantes.
Ne penser à rien du tout, ce ne sera pas du luxe.
À la tienne, ma puce !
À nous !

Dernier jour à Bali, ma puce !
Je sais. Déjà !
Mais j'ai hâte de retrouver ma petite boule de poils.
Hihi, nous aussi, on est contents de te revoir, Suzette !
J'ai l'impression d'être parti pendant un an.
Ça m'a fait tellement de bien. Ça fait tout drôle d'être ici.
Pareil, on a vraiment eu raison de le faire. J'ai l'impression qu'on m'a remis des vies.
Tu sais, comme dans les jeux vidéo.

Mai

Chéri ? Tu es prêt ? On va être en retard.
Je suis là. Je ne trouvais plus mon téléphone.
Ça va, Charles ? Tu as l'air bizarre.
Oui oui.
Je suis un peu nerveux, c'est tout.
C'est une étape qui m'angoisse. J'ai peur que ça me mette des doutes.
Ça va aller, mon coeur. Douter, c'est normal. C'est le contraire qui serait inquiétant.
Oui, tu as raison...
Allons-y ! À tout à l'heure, Suzette. Sois sage !

les Magnolias
Bonjour ! Bienvenue à la maison d'accueil des Magnolias !
Merci de prendre du temps pour nous recevoir.
Oh, je vous en prie. Nos protégés adorent recevoir de la visite !
Ah tiens, justement, voilà Kévin !
Est-ce que tu dis bonjour, Kévin ?
Je dis bonjour !
Kévin vient ici chaque jour depuis trois ans. Sa maman commence à être âgée, alors elle avait besoin d'aide.
Le week-end, il reste à la maison avec elle.

C'est quoi que tu aimes le plus faire ici Kévin ?
Euh...
Le goûter !
HA HA HA
HA HA HA
HA HA HA
Venez, je vais vous présenter d'autres amis. Tu viens avec nous, Kévin ?
Voici la grande salle où chacun peut s'occuper comme il veut.
Bonjour, je m'appelle Roxane. Et toi ?
Oh !

Oh là là, je suis désolée ! J'ai fait quelque chose de mal ?
Non, ne vous inquiétez pas. Léa est très timide. Il faut beaucoup de temps pour l'apprivoiser.
Mais vous pouvez discuter avec Aimée, si vous voulez. Elle adore ça !
Bonjour Aimée, Charles Le Mell. Vous tricotez une écharpe ?
Aimée... Comme c'est beau que ses parents l'aient nommée ainsi !
Comme s'ils mettaient quiconque au défi de douter de leur amour pour elle. Magnifique...
Bonjour, Charles Le Mell, vous passez une belle journée ?

Tu n'avais pas l'impression qu'ils débordaient tous d'amour et de joie ?
C'est vrai. En tout cas, d'avoir passé la journée avec eux, je me sens tout léger, moi.
Mais oui, c'est fou ! Quelle lumière ils dégagent !
Ça ne t'a pas mis de doute alors finalement ?
Oh non ! C'est tout le contraire même. Je suis sûr qu'on serait de super parents pour un enfant extraordinaire.

Juin
Mme MONS N.
Michèle LEFEVRE Psychologue
M. et Mme ANDRÉ
SAMUEL B.
Nous nous voyons une deuxième fois parce que vous avez changé votre projet.
Adopter un enfant est déjà un acte lourd et difficile psychologiquement.
Mais adopter un enfant porteur de handicap, c'est encore autre chose.
Nous avons besoin d'être certains que vous serez assez solides pour en assumer les conséquences.
Vous savez, par exemple, que vous serez susceptibles une ou plusieurs fois de craindre pour sa vie. Son handicap peut lui apporter de grosses complications de santé.
Vous avez déjà perdu un enfant. Auriez-vous la force de rester debout si sa vie était en danger ?

Bonjour maman. Viens, je t'ai préparé du thé.
Juillet
Alors, ma puce, ça s'est bien passé chez la psy ?
Pfff, c'était dur.
Elle a remué beaucoup de choses. En plus, c'était juste le jour des deux ans de Lazare, alors...
Ma pauvre cocotte...
Heureusement que Charles était là. Je n'en menais pas large.
Même si ça fait mal, c'est sûrement très important qu'elle vous fasse réfléchir à ces choses-là.
On affronte mieux ce à quoi on a été préparé.
Oui.
Vous aurez une réponse bientôt, alors?

On doit revoir le psychiatre la semaine prochaine, puis l'assistante sociale. Et ensuite attendre que la commission se réunisse.
Malheureusement, avec les vacances d'été, il n'y aura rien ce mois-ci ni le mois prochain. On espère avoir notre agrément en septembre.
Oh, ce serait merveilleux !
Bonjour belle-maman !
Oh, Charles, Roxane me disait que vous vous rapprochiez du but !
On l'espère fort. Mais on a peur de s'emballer et d'être déçus.
Nous sommes tellement fébriles...

Août
Tu sais, mon cœur, c'est drôle, mais depuis un moment, j'ai l'impression d'être déjà la maman de ce bébé qu'on désire tant.
J'aime déjà cet enfant d'une force incroyable.
Je ne sais pas trop comment expliquer. Comme si j'étais réellement enceinte pendant toute cette attente.
Je comprends, je crois. C'est vrai que je pense de moins en moins à un "projet", mais de plus en plus à "lui" ou "elle".
C'est exactement ça ! Je me sens déjà connectée à ce bébé. Je lui parle et j'ai l'impression qu'il m'entend.
Je suis quand même une drôle de maman. Avec un enfant à qui je parle alors qu'il est mort, et l'autre à qui je parle alors que je ne sais même pas qui il est.

7 septembre
Biiip
Biiip
Maman
INCOMING
Allô.
Ah, coucou
maman !
...
Oui, l'assistante sociale est
passée il y a dix jours.
On ne peut rien faire à part
attendre maintenant.
...
Normalement, la commission
se réunit le 15.
...
J'essaie,
maman, mais
c'est difficile !
Avec Charles, on
ne pense qu'à ça.
On a tellement peur.
...
Hier, on est allés
au cimetière, ça nous
a fait du bien.
Merci maman.
... Oui, merci.
... Bisous maman.

15 septembre

Le pauvre, il n'a pas dormi de la nuit. Je l'ai senti bouger sans arrêt.
Il doit être dans tous ses états au bureau.
Et voilà ! Ca vous plaît ?
Oui ! Vraiment, ça me plaît beaucoup !
Je m'étais complètement négligée depuis la grossesse de Lazare. Il était temps !
Bonne chance !

25 septembre
Roxy !!!
Je suis allé chercher le recommandé à la Poste !
Pffff, respirons un bon coup...
Ouvre ! Grouille-toi ! J'en peux plus d'attendre.
OK...
Oh mon Dieu, Oh mon Dieu, Oh mon Dieu...
Le président du conseil général certifie avoir fait procéder à l'instruction de la demande bla-bla-bla. Conformément à l'article 4 bla-bla-bla. Après avis de la commission d'agrément prévue à l'article 5, l'agrément en vue d'adoption est délivré !!!

Partie 5

La rencontre

Je te cherche par-delà l'attente
Par-delà moi-même
Et je ne sais plus tant je t'aime
Lequel de nous deux est absent.

Paul Éluard

Extrait du poème « Le front aux vitres » du recueil *L'Amour la poésie*

Octobre
Novembre
Décembre
Janvier
Février

Mars
Bonjour ma puce.
On entend bien les oiseaux chanter ce matin. On approche du printemps !
Chouette, je vais pouvoir ressortir mon vélo.
Tu pourras passer prendre du pain aujourd'hui ?
OK.
Allez, j'y vais, moi. Bon courage pour ta journée, ma puce.
Toi aussi. Je t'aime ! Pense à sortir la poubelle.

Au revoir !
Allô ?
Biiiip
Biiiip
Bonjour Roxane. Ici Delphine Fortin de l'A.S.E. Est-ce que vous êtes assise ?
Euh...
Je suis très heureuse de vous annoncer que vous êtes la maman d'une petite fille de 14 mois !
Angèle est une petite fille porteuse de trisomie 21 qui attend d'avoir des parents depuis sa naissance.
Angèle...
Vous pourrez venir la voir dans une semaine et elle sera chez vous d'ici trois semaines.

Angèle...
Angèle.
Bonjour Évelyne !
Bonjour Ro...
Accueil
Charles !
Roxane ? Mais... qu'est-ce que tu fais là ?
Mon chéri,
TU ES PAPA !

Les jours suivants

Tiens, prends ça, futur papa !
Hé !
Alors là, tu vas voir ! Tu vas le regretter !
Oh mon cœur, j'ai si hâte...

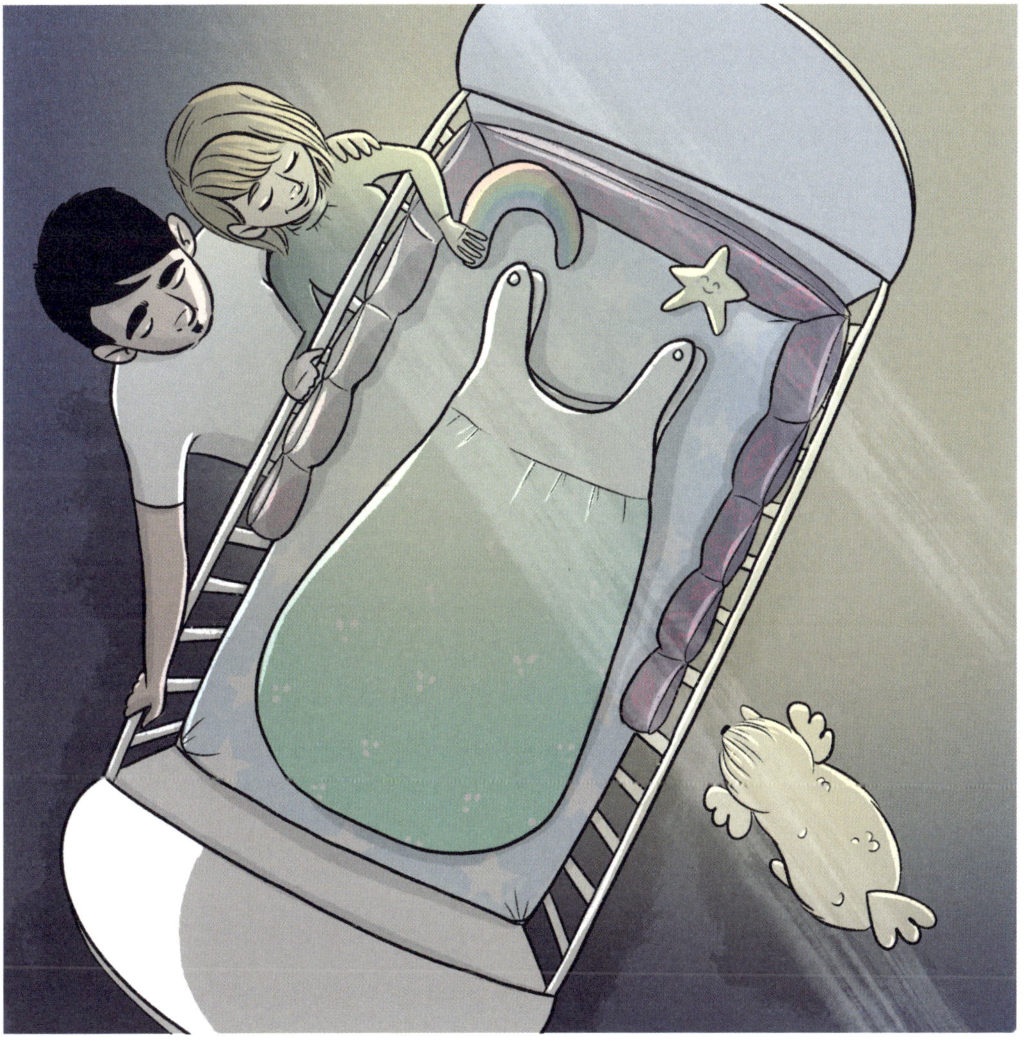

La rencontre J–1

Le jour J

Mon coeur va exploser dans ma poitrine, je crois.
C'est un truc de fou... C'est irréel. On va rencontrer notre fille !
Et si le courant ne passe pas ? Si elle nous rejette ? Oh là là...
Je sais, j'y ai pensé aussi. Mais je suis sûr que ça va aller. Allez, t'inquiète pas.
On arrive.

Bonjour, bonjour ! Entrez, je vous en prie.
J'imagine que vous brûlez d'impatience, alors on fera les grands discours après.
Suivez-moi, elle vous attend.

Angèle, regarde, ton papa et ta maman sont arrivés.
Bonjour ma chérie. C'est moi, maman !
Et voici ton papa.
Si tu savais depuis combien de temps nous t'attendons.
On t'aime déjà tellement !

Tu as vu comme elle souriait tout le temps !?
Oh, mon Dieu, c'est une merveille !
Et ses petits pieds, tu as vu ses tout petits pieds ?
On va être si heureux !
Mon bébé, ma petite fille, je suis maman !!!
Je suis déjà complètement fou d'amour pour ma petite princesse.

Avril

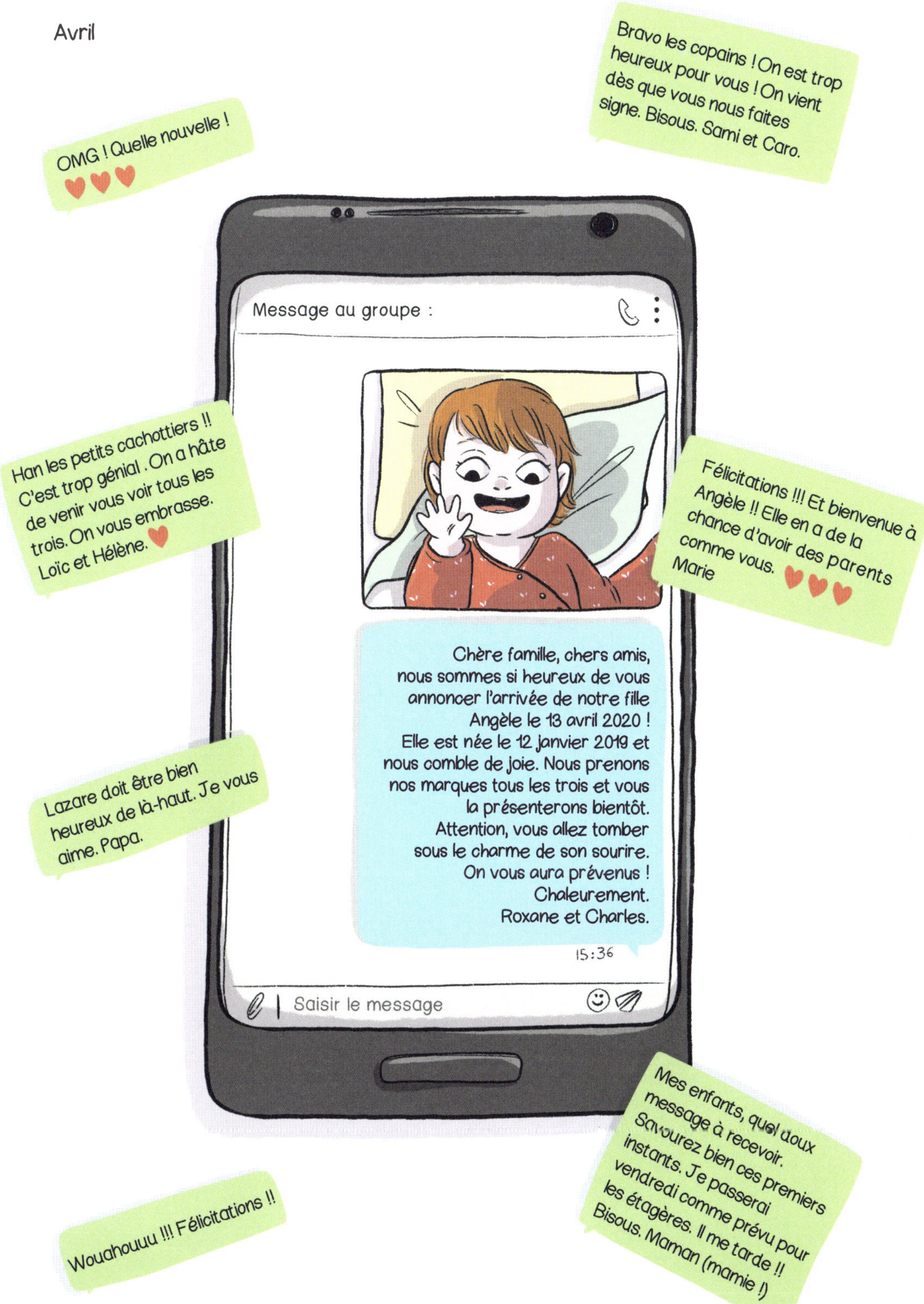
Message au groupe :
Chère famille, chers amis, nous sommes si heureux de vous annoncer l'arrivée de notre fille Angèle le 13 avril 2020 ! Elle est née le 12 janvier 2019 et nous comble de joie. Nous prenons nos marques tous les trois et vous la présenterons bientôt. Attention, vous allez tomber sous le charme de son sourire. On vous aura prévenus ! Chaleurement. Roxane et Charles.
15:36
Saisir le message
OMG ! Quelle nouvelle !
Bravo les copains ! On est trop heureux pour vous ! On vient dès que vous nous faites signe. Bisous. Sami et Caro.
Han les petits cachottiers !! C'est trop génial. On a hâte de venir vous voir tous les trois. On vous embrasse. Loïc et Hélène.
Félicitations !!! Et bienvenue à Angèle !! Elle en a de la chance d'avoir des parents comme vous. Marie
Lazare doit être bien heureux de là-haut. Je vous aime. Papa.
Mes enfants, quel doux message à recevoir. Savourez bien ces premiers instants. Je passerai vendredi comme prévu pour les étagères. Il me tarde !! Bisous. Maman (mamie !)
Wouahouuu !!! Félicitations !!

Mai

Voilà, tous les jours, vous pourrez lui faire faire ces exercices pour renforcer son tonus.
Angèle ne marchera pas tout de suite malgré son âge, mais avec ces séances de kiné, elle va vite y arriver.
Elle a déjà énormément progressé depuis qu'elle est arrivée chez vous.
Regardez, elle fait quasiment du quatre-pattes !
T'es heureux, là, hein ?

Et niveau santé, elle aura des problèmes ?
Elle a le cœur fragile. Elle a déjà dû subir une opération quelque temps après sa naissance.
Et elle aura peut-être des lunettes.
Pour le reste, on ne sait pas. Les médecins disent qu'elle va très bien pour le moment.
Elle est toujours joyeuse et sourit en permanence.
Oh oui ! C'est un rayon de soleil dans la maison, cette petite fille !

Juin

Oui, ma poupée ! J'ai presque fini.
Aujourd'hui est un jour particulier. On t'emmène voir ton grand frère.
Lazare a trois ans aujourd'hui. Tu veux poser ce doudou pour lui ?
Lazare
17 juin 2017
Joyeux anniverciel, notre petite étoile !
C'est la première fois que nous sommes réunis tous les quatre...

... en famille.

Fin.

Chère lectrice, cher lecteur,

Par cette histoire fictive, j'espère avoir pu apporter ma petite pierre à la sensibilisation au deuil périnatal, et à la reconnaissance des personnes porteuses de handicap mental.

Ce faisant, j'espère de tout mon cœur ne pas avoir commis de maladresse.

Depuis des années, dans le cadre de mon travail d'illustratrice, je suis sollicitée pour dessiner sur de beaux sujets humains, parfois douloureux, mais qui donnent un sens profond à mon métier.

Je souhaite vraiment remercier chaleureusement toutes les familles qui m'ont fait confiance depuis tout ce temps. Je leur rends ici hommage.

Elles sont bien sûr à l'origine de ce livre.

C'est par elles que j'ai découvert le tabou immense qui entoure le sujet de la mort d'un enfant.

Que le silence ne soit plus un fardeau supplémentaire à porter pour les personnes qui souffrent.

Douceur sur vos familles.

Anne

Ce que les gens voient :
KORRIGANNE

Ce que ce couple voit :
KORRIGANNE

On ne l'oubliera jamais.
Je pense à toi. Si tu as besoin de quoi que ce soit, je suis là.
Déjà 3 ans, on pense à vous pour l'anniverciel de votre petit amour.
On vous aime et on pense bien à votre petit coeur.
Tu veux passer prendre le café à la maison ? On pourra parler de ton petit ange si tu en as besoin.
Si tu as besoin de parler, je suis là.
Je suis allé poser des fleurs sur sa tombe hier. Je pense fort à vous.
Douces pensées pour ton petit ange.
KORRIG ANNE

illustration

by
KORRIG♥ANNE

Témoignages

Je suis *mamange* trois fois. Une première grossesse arrêtée à onze semaines d'aménorrhée le 1er janvier 2017, à 20 ans. Ça a été la première épreuve de ma vie. Je me suis retrouvée démunie et seule avec mon chagrin. Confrontée au jugement des autres : « Ce n'était pas le bon moment », « Tu es encore jeune », « C'est mieux maintenant que plus tard », « Il faut passer à autre chose », « Ça arrive tous les jours », etc. J'ai naturellement mis mon deuil et mon chagrin sous silence. **Mais petit à petit, j'ai compris que ce silence était juste là pour ne pas heurter les autres, alors que moi j'avais besoin d'en parler, que je n'en avais pas honte. Et c'est en faisant ce que je ressentais comme bon pour moi que j'ai réussi à aller de l'avant et à me relever.**

Ce bébé était le fruit de trois ans de combat et d'une première insémination. Puis, en 2022, le cauchemar recommence, doublement cette fois-ci et de manière beaucoup plus traumatisante. Nous perdons nos jumeaux, nés respectivement le 30 août 2022 à dix-huit semaines d'aménorrhée + six pour notre fille Lia, et le 2 septembre 2022 à dix-neuf semaines d'aménorrhée + deux pour notre fils Maé. Une ouverture prématurée du col, avec contractions et infection. Jamais expliquée. Un diagnostic d'une chorioamniotite a été posé, mais sans certitude. Lia et Maé étaient la réussite de trois ans de PMA et de trois FIV. **Après m'être écroulée, retrouvée au fond du trou, j'ai décidé que mes enfants n'étaient pas décédés pour rien. Que mon histoire allait aider d'autres parents.** Cette fois-ci, je n'ai pas fait la même erreur, celle de mettre mon chagrin sous silence. Je vis chaque jour avec une douleur à vif, je sais qu'elle ne me quittera plus jamais. J'ai un boulet rivé à mon pied, rempli de larmes, de doutes, de questions, de colère… qui restera là, toute ma vie.

Mais j'aimerais que les personnes qui arrivent dans ce nouveau monde, celui du deuil périnatal, sachent qu'on peut à nouveau sourire et vivre de beaux moments. Que le temps aide à apprivoiser la douleur. Le temps ne la fait pas partir, comme parfois on voudrait nous le faire croire. Le temps aide simplement à apprendre à vivre avec elle. Il faut s'écouter, c'est le maître-mot pour avancer et réussir à se reconstruire. Avancer à son rythme et surtout pas à celui imposé par les autres. **Chaque voix qui parlera du deuil périnatal aidera à briser le tabou et, de ce fait, aidera les parents endeuillés.**

Angélique

Notre histoire a commencé en 2011, lorsque des complications cérébrales sur le fœtus, liées au cytomégalovirus (CMV), ont été découvertes. Mon fils Florent est né sans vie à vingt-cinq semaines de grossesse. Ce jour-là, j'ai découvert le monde du deuil périnatal. Cette tragédie a plongé mon cœur dans un abîme d'émotions déchirantes – chagrin, solitude, douleur et incompréhension. **J'ai longtemps cherché du soutien, mais aucun professionnel ne semblait comprendre ce que je vivais.**

Pourtant, au sein de cette obscurité, j'ai découvert une résilience inattendue, une force capable de me soutenir lorsque tout semblait s'effondrer autour de moi. Mon fils m'a fait découvrir une nouvelle partie de moi. Il m'a permis de mieux me connaître. Je souhaite partager la manière dont la douleur peut être transformée en source d'inspiration, la manière dont l'épreuve peut forger une nouvelle perspective sur la vie et la manière dont l'espoir peut émerger des ténèbres. Malgré les larmes et les peines, j'ai trouvé des moyens de faire face à la perte de mon fils, tirant des leçons précieuses de ce voyage. Ma guérison s'est révélée être un processus complexe et continu, nécessitant l'acceptation de ma vulnérabilité et la pleine expression de mes émotions.

En tant que thérapeute, je constate quotidiennement l'importance de prendre soin de soi dans ce processus. Les *mamanges* expriment chaque jour leur chagrin, leur culpabilité, leurs difficultés à se remettre de ce traumatisme. Elles expriment le besoin profond de reconnaissance de l'existence de leur bébé. Elles partagent combien elles veulent à nouveau avoir confiance en elle, en leur capacité à avoir un bébé en pleine santé. Elles ont besoin d'être comprises par le monde médical. Malheureusement, le deuil périnatal est encore trop peu consiédéré par les professionnels. Les maladresses, les jugements, les raccourcis sont des blessures supplémentaires infligées aux parents. **Je les encourage à embrasser leur propre rythme dans le processus de guérison et à faire preuve de compassion envers eux-mêmes.** Je les soutiens dans la guérison et la maternité au sein du Cocon des Mamanges, un lieu où la force, la résilience et l'amour forgent un avenir plein de sens.

Je souhaite que chaque professionnel puisse accueillir ces femmes qui ont besoin d'être soutenues et comprises dans leur chagrin et leur espoir d'avoir un bébé en bonne santé. Merci aux professionnel·le·s, aux bénévoles qui apportent cette lueur d'espoir en écoutant, en proposant des outils et des conseils. Je suis fière de faire partie de cette équipe. Parce que chaque parcours est unique, mais qu'ensemble, nous pouvons tisser un réseau de soutien et de compréhension pour rendre ce voyage moins solitaire et plus rempli d'espoir.

Audrey

J'ai perdu ma fille Zoé pendant ma grossesse. Je ne la sentais plus bouger et je me suis inquiétée, à juste titre. Les mamans ressentent tellement de choses ! Son cœur s'est arrêté de battre au cinquième mois de grossesse, sans aucune explication. J'ai ainsi accouché de mon bébé sans vie : un vrai accouchement, d'un plus petit bébé, certes, mais surtout un accouchement dans le silence et la peine, d'une extrême intensité. À la naissance de Zoé, la sage-femme, Agnès, a pleuré avec moi, avec nous. Je me suis sentie rejointe, humaine, prise en compte. **Aujourd'hui, en tant que professionnelle, je me permets de pleurer avec les personnes que j'accompagne quand l'émotion me gagne. Une relation authentique est tellement bénéfique ! Zoé m'aura appris cela.** J'ai été accompagnée par des professionnel·le·s, j'ai bénéficié d'un suivi psychologique régulier.

Mais je me sentais folle, anormale, je n'arrivais pas à remonter la pente. J'ai rejoint une association de deuil périnatal, Hespéranges, et j'ai rencontré, virtuellement puis physiquement, des mamans qui ont un vécu semblable. Chaque histoire est singulière, évidemment, mais je me suis sentie comprise et rejointe dans mes émotions, et c'était l'élément qui manquait à mon accompagnement. J'ai échangé avec des parents plus avancés dans leur deuil, qui m'ont donné de l'espoir. J'ai aussi à mon tour aidé des parents nouvellement *paranges*, et pris conscience du chemin parcouru.

Aujourd'hui, le court passage de Zoé dans notre vie, à mon mari et à moi, n'est plus une plaie béante, mais une jolie cicatrice, elle fait partie de moi, mais elle ne m'empêche plus d'avancer, bien au contraire.

Chloé

Le 30 juin 2020, j'ai accouché d'un petit garçon mort-né à la suite d'une interruption médicale de grossesse. Il s'appelait Bonbon. À la base, c'était juste un surnom qui datait de la première échographie, que nous pensions utiliser provisoirement le temps de lui trouver un prénom plus commun. Mais quand on nous a demandé, à sa naissance, ce qu'il fallait inscrire sur les papiers, on n'a rien su dire d'autre. Parce que ça lui allait bien, parce que c'était juste lui, Bonbon.

Je vous passe le paragraphe qui traite de la douleur. De toute façon, je serais incapable de la décrire. Elle est si forte et si singulière. Et puis j'ai déjà lu beaucoup de choses très justes sur le sujet, et je ne pourrais rien écrire de mieux. Ce sur quoi j'ai peu lu, en revanche, c'est sur la solitude liée au deuil périnatal. Tellement peu que je ne sais pas si c'est inévitable, comme la douleur, ou si c'est propre à mon histoire à moi. Ou peut-être juste propre à quelques *mamanges* ?

Dans mon cas, cette solitude est multiple. **Elle vient d'abord de moi, parce que j'ai l'impression que personne ne peut comprendre, parce que chaque deuil est unique.** Elle vient aussi du côté contre nature de l'événement, qui fait que je me retrouve souvent face à des questions auxquelles je ne sais pas comment répondre (dont la classique « Vous avez des enfants ? »). **Elle vient des tabous de notre société actuelle et du malaise des autres face au deuil périnatal**, qui par conséquent évitent le sujet.

Quand quelqu'un parle de son divorce, les gens ont mille questions à poser. Ils t'invitent au resto pour en discuter. Limite ils t'écoutent avec tellement attention, et d'autant plus s'il y a des rebondissements, qu'au bout du compte ils passent une excellente soirée. **Quand quelqu'un parle de la perte de son enfant, j'ai l'impression que c'est tout l'inverse.** On ne te demande pas comment s'est passé l'accouchement. On ne te propose pas de passer « manger un bout pour en discuter ». Et dans mon cas, pour les rares personnes qui se sont lancées avec un « Vous lui avez donné un prénom ? », la réponse, « Bonbon », mettait vite fin à ce début de discussion, faute de malaise affiché…

Au mieux, on nous assène ces phrases qui n'aident pas vraiment, comme « Au moins la nature est bien faite », « J'ai une amie qui a vécu la même chose » ou « Tu en auras un autre ». Attention, je ne blâme personne, vraiment aucunement. Je témoigne juste de ce que je considère comme un tabou social et de ses conséquences.

Et enfin, la solitude vient aussi de la douleur. Parce que forcément, ce n'est vraiment pas fun de traîner avec quelqu'un qui vit un deuil périnatal. On n'est pas drôles. Et pendant longtemps. Alors, c'est certain que les autres n'ont pas vraiment envie de passer du temps avec nous. **Je pense qu'il faut juste accepter que rien ne sera plus jamais comme avant. J'ai peut-être perdu quelques personnes en cours de deuil, mais j'ai appris à vivre avec cette douleur et ce petit coin de solitude dans lequel, finalement, je me réfugie même parfois volontairement.** Quatre ans plus tard, il m'arrive même de sourire quand je vois un signe que Bonbon m'envoie, pour me rappeler qu'il est toujours avec moi. Il m'a rendue différente. Et la différence, c'est bien aussi.

Coralie

papa
et maman
by
KORRIGANNE

Ma fille Éléonore a vécu trois mois, dont deux à l'hôpital. Une grossesse facile, sous surveillance pour le poids du bébé. Quelques jours en unité de soins intensifs pédiatriques (URIP), puis un mois et demi en néonatalogie pour qu'elle finisse tranquillement de grossir. Aucun souci majeur. En mars 2017, en dix jours, nous sommes passés de parents normaux à inquiets, puis de parents inquiets à parents devant prendre la décision ultime. Celle de la laisser partir, car son petit corps n'y arrivait plus. La réa, tous ces fils, ces perfusions. Elle est partie dans mes bras, entourée d'amour. Les coups de fil à la famille pour leur dire que c'est fini, aux amis les plus proches. Comme un soulagement… un répit avant de se prendre en pleine tête les préparatifs de l'enterrement… **Comment peut-on, à 30 ans, décider quel enterrement on veut pour son enfant ?** Et puis, gérer la douleur, l'absence, le quotidien, l'aîné, la famille et leur douleur. Se dire qu'il faut tenir, que le premier de la fratrie ne doit pas subir tout cela, qu'il faut lui offrir de la joie, le préserver de ce drame. Lui expliquer, alors qu'il n'a que 2 ans, que sa sœur ne reviendra pas, répondre à ses questions sur la mort, gérer les peurs que cela engendre.

Le temps a fait son œuvre, Éléonore est toujours dans nos pensées, dans la maison, sur ma peau. Un troisième enfant, un garçon, est venu agrandir la famille, un bébé arc-en-ciel qui ne remplace pas l'absence, mais met du baume au cœur. **Sept ans après, la vie a repris son cours ; je pleure encore, mais moins. Je me suis découvert une force de caractère que je ne soupçonnais pas, j'ai repris goût à la vie, je sais que c'est ce qu'elle aurait voulu.** J'ai également découvert (il m'a fallu du temps) que j'avais besoin de vivre pour moi seule. Je m'accorde du temps pour un sport qui me libère et m'oblige à ne me concentrer que sur moi.

Alors, si mon histoire peut servir, voici les quelques « conseils » que je donnerais à l'entourage de nouveaux *paranges*.

Ce que vous pouvez faire, en tant que proche, c'est de nous écouter vous parler de cette étoile, nous avons besoin de la faire vivre le plus longtemps possible. Et même si ce n'est pas évident pour vous :

– évitez les phrases bateaux ;

– offrez vos bras, votre présence, ça a plus d'importance que des mots maladroits ;

– pensez à son anniversaire, et même à celui de la date du décès. Ça prouve que cette étoile existe toujours pour vous, que vous y pensez, et ça n'a pas de prix pour nous, parents…

Flora

En septembre 2018, j'apprends que je suis enceinte de jumeaux appelés « mono mono », un cas très rare. Cela signifie qu'ils partagent la même poche et le même placenta (c'est le cas pour moins de 1 % des grossesses de jumeaux). Cette grossesse est extrêmement risquée, et je suis très vite hospitalisée puis alitée, avec un suivi trois fois par jour. Nous sommes, mon conjoint et moi, d'un naturel positif, mais les examens arrivent avec leur lot de mauvaises nouvelles, et notamment l'annonce de plusieurs malformations cardiaques chez l'un d'eux (qu'on nous dit opérables).

Mes enfants Ilyan et Naël naissent le 10 avril 2019 à la suite d'une césarienne d'urgence. Je suis à sept mois de grossesse. S'amorce alors un parcours du combattant entre néonatologie et hôpital cardiologique. Un combat qui durera trois mois. Ilyan pourra rentrer à la maison. Naël décédera des suites d'une première opération du cœur, le 2 juillet 2019. Mon monde s'effondre. **Je pense que je ne survivrai pas à une telle douleur. Pourtant, aidée par des professionnel·le·s et portée par le soutien de mes proches, je commence, mois après mois, année après année, à comprendre que, sans nier la souffrance pour autant, je peux à nouveau connaître des moments de joie.**

Je veux partager l'espoir et partager l'amour laissé par mon fils au plus grand nombre de personnes possible. Ayant dix ans d'expérience dans le secteur audiovisuel, je décide de réaliser un projet porteur d'espoir : des podcasts qui racontent des chemins de résilience. La Voix des lucioles est créé. Dès la sortie du premier épisode, je reçois des messages par centaines. Les médias m'aident à porter mon projet pour lui donner de la visibilité. Je reçois un prix.

J'ai réussi à donner un sens à ma vie : transmettre l'espoir et l'amour que mon fils m'a laissés. Aujourd'hui, je vis de la création de podcasts personnalisés, c'est ma passion. Je pleure toujours le décès de mon fils, mais je réussis à trouver de petits moments de joie, et quand ils sont là, je sais qu'ils sont précieux.

Tiphaine

Lyam est né sans vie le 17 avril 2019. Lors de l'échographie du deuxième trimestre, nous avons appris qu'il souffrait d'une hypoplasie du ventricule gauche. **« La faute à pas de chance », comme on nous l'a répété si souvent.** Après avoir consulté plusieurs cardiopédiatres, car nous voulions à tout prix sauver notre fils, nous avons souhaité tenter une opération expérimentale *intra utero* (moins d'une cinquantaine d'opérations de ce genre avaient été réalisées à cette époque en Europe). Une vingtaine de personnes étaient présentes dans la salle d'opération ce jour-là.

Après la première opération, trois options se sont imposées à nous : lui faire subir trois opérations à cœur ouvert avec toutes les complications que cela pouvait entraîner, mener la grossesse à terme et laisser partir notre petit ange doucement, pratiquer une interruption médicale de grossesse (IMG). Nous avons opté pour cette dernière solution. Le cœur de Lyam a été arrêté le 16 avril à 11 heures. Il est né sans vie le lendemain à 11 h 58. J'ai porté mon bébé sans vie, recroquevillé sur un côté de mon ventre pendant vingt-quatre heures. Vingt-quatre heures pendant lesquelles j'ai eu la sensation de n'être qu'un cercueil pour mon fils. **Lyam est né dans un silence assourdissant. Il était magnifique, je n'ai pas eu le courage de le serrer dans mes bras, et je crois que ce sera pour toujours le plus gros regret de ma vie.**

Nous sommes sortis de la maternité le lendemain, les bras vides et le cœur lourd. Au lieu d'aller acheter du lait et des couches, nous sommes partis choisir son cercueil. Un minuscule cercueil blanc, dans lequel j'ai eu le courage ultime d'embrasser son petit front tout froid. Il a été inciné le lendemain de mes 31 ans. **J'ai survécu aux mois qui ont suivi en écrivant. Certains jours pendant quelques minutes, d'autres jours de l'aube au coucher du soleil. L'écriture a été un véritable exutoire pour moi, et ce qui n'était qu'un défouloir à la base a finalement donné naissance à un livre qui a pu aider des mamans en détresse comme moi.** Le soutien et les remerciements reçus m'ont permis de tenir le coup.

Pour moi, la mort de Lyam a finalement permis d'aider quelques mamans à traverser ce trou noir. Lya, mon bébé arc-en-ciel, est née le 21 mai 2020. Un rayon de soleil grâce auquel j'ai réappris à respirer, à sourire, à vivre. Un copié-collé, physiquement, de son grand frère. Elle a aujourd'hui trois ans et demi, et depuis qu'elle est toute petite, elle se passionne pour le ciel et les étoiles. Je sais qu'elle sait, et un jour nous lui expliquerons. Je n'ai pas encore les mots pour le faire correctement, mais je sais que quand le moment viendra, Lyam m'aidera.

Marine

J'ai perdu ma petite soeur Marjorie il y a bientôt vingt ans, en septembre 2004. On parle de plus en plus des *paranges* et tant mieux !

Mais les frères et sœurs de ces petits anges partis trop tôt, dont je fais partie sont encore bien trop invisibilisés. Ce n'est pas parce que nous sommes enfants, petits ou grands, arrivés avant ou après cet enfant du ciel, que nous ne ressentons rien. Nous avons un deuil à faire, consciemment ou inconsciemment, de ce frère ou de cette sœur qui n'est pas parmi nous. Je n'avais pas encore 4 ans, et pourtant je me souviens de pratiquement tout de cet épisode si difficile de ma vie et de celle de ma mère.

Et aujourd'hui, même si cela est bien moins vif, le manque et le vide sont toujours bien présents. Mais à l'époque, j'ai fait face au silence et à l'incompréhension de ma douleur de la part de mon entourage et des professionnel·le·s. **Encore trop souvent, cet événement est tabou dans une famille, ça ne se dit pas ; c'est un secret, avec des conséquences sur la psyché des frères et sœurs, qui peuvent entraîner des difficultés à l'âge adulte…**

J'espère qu'au fur et à mesure, la parole des enfants ayant perdu un frère ou une sœur sera écoutée et reconnue au même titre que celle des *paranges*. Cela n'enlèvera pas la douleur, mais elle sera moins lourde à porter.

Lauréline

Je suis infirmière puéricultrice et j'ai travaillé en réanimation néonatale pendant seize ans auprès de bébés prématurés. J'y ai rencontré beaucoup de petits bébés nés trop tôt, auprès de leurs parents, dans des moments plus ou moins difficiles parfois, dont plusieurs décès. Je faisais partie des soignantes référentes qui accompagnent ces moments douloureux de deuil périnatal, avec douceur, en prenant le temps pour tenter de soutenir au mieux l'insoutenable. J'y ai vécu également mes trois grossesses.

Lors de la deuxième, à vingt-deux semaines d'aménorrhée, trois lettres m'ont fait basculer de l'autre côté de la blouse blanche : IMG. Quelques jours avant cette annonce, j'avais accompagné auprès de ses parents un petit bébé qui s'envolait, et subitement c'était moi, c'était nous qu'on allait accompagner…

Il me semble que savoir exactement ce qui allait nous arriver m'a permis d'avancer, de soutenir mon conjoint, de contrôler un peu une situation qui nous échappait, de tenter de « la vivre au mieux ». Ce fut très difficile, bien sûr, mais au cours des heures pendant lesquelles je faisais naître ma petite étoile sans vie, je me répétais en boucle qu'un jour j'en ferais ma force : j'apprenais personnellement à me connaître un peu plus au travers de cette épreuve, et je pourrais ensuite encore mieux être aux côtés des familles qui y seraient confrontées.

Avant, je soutenais avec empathie, en faisant preuve d'écoute, les parents qui vivaient ces épreuves. Maintenant, je savais ce qu'« accoucher à vingt-quatre semaines d'aménorrhée » et vivre la perte d'un enfant voulaient dire. Avant, je proposais des pistes pour traverser ce deuil inimaginable ; maintenant, je les empruntais, je vivais ce ventre si vide alors que dans ma tête il aurait dû s'arrondir, j'accueillais les naissances des autres avec joie tout en pleurant au plus profond de mon cœur…

Il m'a fallu du temps, et j'ai été reconnaissante de pouvoir bénéficier du congé maternité pour prendre soin de moi, de nous, de notre « grand » de 2 ans et demi. Il m'a fallu de la bienveillance et de l'attention de la part de mes collègues et amies pour pouvoir revenir en néonat', puis en réa. Au début, je n'ai pas pu accompagner les parents endeuillés comme je le faisais avant, trop de douleur et de peine pour les soutenir correctement et professionnellement ; **mais doucement, au fil des mois, mon expérience est devenue ma force, comme je l'avais prévu, et au fil des années, j'ai pu y ajouter de plus en plus de moi-même pour aider les autres à traverser ce que je connaissais si bien, trouver les mots pour les fratries, en poser sur son propre ressenti. Et parfois, nous permettre aussi d'en pleurer ensemble.** Aujourd'hui, dix ans après l'envol de ma petite étoile, j'ai trouvé cet équilibre qui me permet sereinement d'accompagner le deuil périnatal de façon professionnelle, avec ce petit plus du « je sais si bien ce que vous traversez » auquel les parents se raccrochent comme à un espoir pour le « après ».

Marie

IMG. Trois lettres qui vont me hanter jusqu'à la fin de mes jours. Pourtant, il y a encore quelques mois, j'ignorais ce qu'elles signifiaient. Je suis tombée enceinte en juin 2023 d'une petite fille nommée Emi. La grossesse se passait merveilleusement bien, un véritable sans-faute depuis le début : aucune difficulté à tomber enceinte, pas de nausées, pas de désagréments, pas de problèmes aux échographies. Jusqu'à la fameuse T2. Lorsqu'elle regarde la tête d'Emi, la sage-femme se tait, observe attentivement et lâche ces mots : **« Elle a du liquide dans le cerveau. C'est une grossesse qu'il va falloir suivre de très près. » J'ai eu le sentiment de passer d'une réalité à une autre quand ces mots ont été prononcés.** Il a fallu attendre le lendemain, à l'hôpital, pour que le diagnostic soit posé : *spina bifida*. Deux autres mots dont nous ignorions l'existence quelques instants plus tôt, mon conjoint et moi, et qui allaient devenir notre quotidien. Emi avait donc un trou en bas du dos, son tube neural ne s'était pas refermé correctement, malgré la vitamine B9 que j'avais prise avant ma grossesse. La forme la plus grave, selon les médecins. Cela avait entraîné un très gros retard de développement de son cerveau. Emi serait donc lourdement handicapée à la naissance, physiquement et mentalement.

Mon monde s'écroulait. Il s'agissait de notre premier bébé, le fruit de notre amour. Je l'avais déjà tant rêvée, je l'aimais de tout mon cœur. Et on nous annonçait une existence horrible pour elle (si elle survivait à la naissance, ce qui n'était pas garanti). **Le médecin qui nous suivait nous a parlé de l'IMG, l'interruption médicale de grossesse. A alors commencé une véritable enquête, pour mon conjoint et moi, afin de prendre notre décision. Au fond, je l'avais déjà prise : je ne pouvais pas envisager une telle vie pour Emi**, pour cette petite madame qui était si innocente, lovée dans mon ventre. Comment lui souhaiter de passer sa vie en fauteuil roulant, d'être sondée plusieurs fois par jour pour uriner, de subir plusieurs opérations par an dès sa venue au monde, d'avoir un gros retard mental à cause de son cerveau tout lisse et rempli de liquide ? Et ce n'est là qu'un petit échantillon des tourments qui l'attendaient, d'après nos recherches et nos échanges avec les médecins : fractures spontanées, escarres, méningites, problèmes de déglutition et respiratoires...

Mais je voulais être certaine de faire le bon choix. Le moins pire. Emi est née le 21 novembre à 19 h 58, mais son cœur s'était arrêté à 9 h 30. Notre minuscule petite fille, si belle, si fragile, dont le prénom signifie « beauté ». Une part de moi s'est envolée avec elle ce jour-là. **Il me faudra du temps pour me reconstruire, pour apprendre à vivre sans elle, à envisager un futur où elle n'est pas auprès de nous, mais je sais qu'Emi accompagnera mes pas jusqu'à la fin de ma vie.**

Mélany

Je suis devenue maman le 25 novembre 2019 d'un petit Marius. Petit, c'est le mot, car Marius était prévu pour le 1er mars 2020. Lors d'une visite mensuelle de suivi, ma tension était trop haute... J'ai été hospitalisée pour pré-éclampsie alors que je me sentais parfaitement bien ! Une semaine plus tard, alors que je pensais pouvoir enfin rentrer chez moi et être hospitalisée à domicile, mon état s'est dégradé. La nuit du 24 au 25 novembre, on m'a annoncé que j'étais en train de mourir et qu'il fallait que mon fils naisse cette nuit. Césarienne... et là, la découverte de mon tout-petit, l'étonnement de l'entendre pleurer, lui qui était si minuscule... Il avait les yeux grands ouverts, comme pour me dire : « Mais que se passe-t-il ? Pourquoi est-ce qu'on me dérange ? J'étais bien là où j'étais... » Il a été placé dans un incubateur. Nous avons été séparés pendant près de quarante-huit heures, le temps que mon état s'améliore et que je parvienne à me lever. **Marius a passé ses premiers moments sur Terre avec son papa, ainsi que de merveilleux·ses soignant·e·s. Quand je l'ai revu, j'ai eu du mal à comprendre : dans ma tête et dans mon corps, j'étais encore enceinte. Qui était ce petit être entouré de tous ces tuyaux ? Et puis, lors de notre premier peau à peau, il a fait ce mouvement qu'il faisait dans mon ventre et j'ai su. C'était bien lui.**

Se sont ensuivies des semaines de montagnes russes, de hauts, de bas, une opération, une stomie, des infections... Mais Marius tenait bon. Toujours. Et nous aussi. Nous lui apportions des décorations pour sa chambre, des livres... Chaque jour nous écoutions de la musique, et une en particulier, la sienne... Nous lui parlions, faisions ce que nous pouvions pour qu'il sente que nous étions là, même quand son état faisait que, parfois, nous ne pouvions le prendre dans nos bras, ni même parler afin de ne pas trop le fatiguer.

Et puis, alors que nous pensions qu'il ne restait plus beaucoup de temps avant de pouvoir le ramener enfin à la maison... il est parti. Le 21 février 2020, quatre-vingt-huit jours après sa naissance. Il aurait pu naître ce jour-là, mais à présent, pour toujours, cette date représentera celle de son départ. Il nous a fallu nous reconstruire en plein confinement, sans aucune aide. Revenir à une vie à deux alors que nous avions commencé et voulions une vie à trois. **Apprendre à vivre sans lui et avec l'absence... Qui étais-je ? Encore une maman ? Je voulais mourir, mais je refusais d'abandonner alors que lui s'était tant battu.**

J'ai reçu de l'aide d'autres *mamanges* en ligne, puis, quand je me suis retrouvée du côté de celles qui aident, j'ai réussi à remonter la pente. Je ne me sentais plus inutile. J'ai ensuite écrit deux livres, un pour enfants et un autre plus autobiographique, ce qui a été une sorte de thérapie, mais m'a aussi donné des raisons de continuer : faire vivre Marius à travers moi et mes mots, et aider celles et ceux qui, malheureusement, connaîtront la même douleur.

Valentine

Nous sommes le lundi 28 février 2022, les informations à la radio parlent du conflit en Ukraine et des menaces qui planent autour des centrales nucléaires. Nous, nous sommes dans la voiture en direction de la maternité. Je coupe la radio, ces atrocités m'inquiètent, m'effrayent. **Mais dans quel monde nos enfants vont-ils grandir ?** Ce bébé qui est encore dans mon joli ventre rond et dont je ne connais ni le sexe, ni le prénom, ni l'odeur, est déjà ma principale préoccupation. **Il n'est pas encore né que déjà je suis inquiète pour lui et pour son avenir.** Je suis prise en charge à la maternité pour le déclenchement de l'accouchement, comme prévu.

Le travail ne débute que le lendemain, en début d'après-midi. Ç'aura été long, mais une fois lancé, tout va très vite. C'est très intense, j'aurais aimé tenir sans la péridurale, mais la douleur me coupe mes forces et je sens que mes jambes ne me portent plus. Trente minutes après la mise en place de la péridurale, la gynécologue vient m'expliquer que notre bébé montre des signes de fatigue, mais qu'il n'y a pas d'inquiétude à avoir. Mon col est assez ouvert pour le laisser passer. Je donne toutes mes forces, et après dix minutes de poussées très intenses, on pose enfin mon bébé sur mon ventre.

Ce bonheur ne dure que quelques secondes, le sage-femme l'emmène : « On va l'aspirer un peu et on vous le ramène. » Le poids du silence. Jamais cette phrase n'aura eu autant de sens. Les minutes passent et toujours aucun cri. Je ne sais toujours pas quel est le sexe de mon enfant. **Mais je suis déjà sa maman, je voudrais me lever et aller lui tenir la main, le rassurer pendant que les médecins s'occupent de lui. « Ne t'inquiète pas, maman est là, nous sommes à l'hôpital, il ne peut plus rien nous arriver. »** Les minutes passent, mes cinq sens sont en alerte. Je veux le voir, le toucher, le sentir, l'embrasser et l'entendre. Entendre ce premier cri pour enfin souffler et sortir de cette apnée. Après quarante interminables minutes, c'est sans un bruit que la gynécologue et une autre blouse blanche se dirigent vers moi. « Je suis désolée, j'ai fait tout ce que j'ai pu. » Entre deux stylos, je devine qu'il est écrit « pédiatre » sur sa blouse.

Je suis amputée, une partie de mon cœur vient de m'être arraché, et c'est incurable. Mais que vais-je devenir ? Que vais-je dire à Léon, son grand frère ? Vais-je avoir une heure de naissance et une heure de décès ? Je peux le voir ? Bonjour, madame sidération. **Quand nous découvrons enfin son visage, il n'y a pas de doute, c'est notre fils, il est magnifique et il s'appelle Marius. C'est le prénom garçon que nous avions choisi, et il lui va comme un gant. Nous ne connaîtrons jamais la couleur de ses yeux, mais sa lumière se reflétera à jamais dans les nôtres.**

Sa petite sœur, invitée surprise, est arrivée dix mois après Marius. Aujourd'hui, elle a 1 an, elle est souriante et rayonnante. Et devinez quoi ? Elle a les yeux bleus ! Ces gènes sont rares dans nos familles, mais une amie a trouvé l'explication : « Ses yeux bleus, c'est le bleu du ciel de Marius. »

Marina

Je pense que l'on devient maman dès le moment où l'on sait que l'on porte son enfant en soi. Dès lors, on n'existe plus en tant que personne seule ; on pense à son bébé tout le temps, on vit pour lui exclusivement. Quand je suis tombée enceinte, tout mon monde s'est mis à tourner uniquement autour de mon bébé. Mon cœur tout entier s'est rempli d'amour pour ce petit être. **Lorsque la vie décide de te reprendre le plus beau cadeau qu'elle t'ait donné, ton cœur se brise. Le vide s'empare de tout ton être ; le vide physique, le vide psychologique. On t'arrache une partie de toi, ce qui te rend incomplète.** Des questions émergent, mais certaines resteront toujours sans réponse. La colère et le sentiment d'injustice viennent se mêler à la tristesse. On en veut à la Terre entière. Ensuite, il te faut vivre au jour le jour et accepter que ton petit garçon soit parti bien trop tôt. Je ne pourrai parler de mon petit Gabriel qu'au passé, car son futur, je n'ai pu que l'imaginer. Et Dieu seul sait à quel point cette vie à trois que je nous avais imaginée était belle !

Tu dois être forte, pas par choix, car ce n'en est plus un. Ce n'est plus une option, mais une obligation si tu veux aller de l'avant. **Tu dois apprendre à vivre avec, à vivre avec la perte de ton enfant, à vivre avec son absence à chaque minute, à survivre… Il n'existe pas de chemin tout tracé à suivre ou de check-list à cocher pour essayer d'aller mieux. Un pas après l'autre, il faut avancer et poursuivre la même vie qu'avant, alors que l'on sera à jamais différente. Accepter et accueillir ses émotions est la meilleure chose à faire.**

Mais la vérité, c'est que je ne m'habituerai pas à cette peine. La vérité, c'est que je vais simplement apprendre à survivre avec cette absence, l'absence de mon petit garçon. Avant son envol, je ne savais pas à quel point il était possible de se sentir aussi vide. La vérité, c'est qu'on me parle de deuil alors qu'en fin de compte, ce n'en est pas un, car il est évident que je ne le ferai pas, ce deuil. Mon quotidien sera juste comme une marée. Parfois, les vagues me submergeront, et parfois elles emporteront un peu de mon chagrin pour me laisser apercevoir de petites éclaircies. La réalité, c'est que j'essaie d'apprécier les petits bonheurs de la vie pour ensuite les détester, parce que tu n'es pas là pour les apprécier avec moi.

Tout me ramène à toi et à cette vie qu'on ne peut pas partager ensemble parce que tu m'as quittée avant même que je te rencontre. **Depuis toi, j'ai appris que le bonheur et la douleur peuvent cohabiter alors que ce sont deux termes opposés.** J'aurais tant aimé que les choses se passent autrement, mais on choisit rarement... La vérité, c'est que je vais passer ma vie à imaginer ce qu'aurait été la tienne, la nôtre. La seule chose que je sais, c'est que mes mots ne sont pas assez forts, pas assez puissants pour contenir toutes les émotions que je voudrais y mettre pour parler de toi. Finalement, la vérité c'est que je t'ai porté chaque seconde de ta vie et que je t'aimerai chaque seconde de la mienne, car tu as fait de moi ta maman.

Cependant, il me plaît de croire malgré tout que mon petit garçon est un ange parmi les anges, assis sur son beau nuage, son petit cœur rempli de tout cet amour que mes proches et moi-même nous lui portions déjà, et de cet amour que nous lui porterons pour toujours, car moi, je t'aime infiniment, mon tout petit garçon, et ce, pour l'éternité. **Je me battrai toujours pour que perdure ton souvenir et que ta mémoire soit honorée.**

Audrey

Je suis maman de deux enfants, Éleanore, qui s'est envolée en décembre 2019, et Orméline, qui est parmi nous depuis avril 2021. Si je témoigne aujourd'hui, c'est pour vous dire à quel point la vie me semblait triste et fade après avoir perdu notre petit ange. Après deux fausses couches précoces, cette nouvelle annonce de grossesse, qui tient jusqu'à l'échographie des 3 mois, c'était l'insouciance, le bonheur ! Malheureusement, la suivante a été bien plus difficile, son petit cœur s'était arrêté (tératome sacro-coccygien).

Tout s'effondre, je sombre. Mon mari, ma famille, mes ami·e·s, ma psy m'ont sauvée. J'en suis sortie plus forte et plus déterminée que jamais, j'ai accompli des choses que je n'imaginais pas possibles, j'ai réalisé des rêves et j'ai finalement construit ma petite famille en accueillant Orméline. Chers parents endeuillés, la douleur est intense ; prenez le temps de vous reconstruire, acceptez l'aide dont vous avez besoin, mais sachez que quelques jours, mois, années plus tard, la vie sera plus douce. **Vous n'oublierez jamais, vous savourerez les instants en sachant à quel point ils sont précieux, vous avancerez, parfois maladroitement, pour que votre envolé soit fier de vous.**

C'est un témoignage d'amour, de résilience que je vous envoie ; n'en doutez pas, l'avenir vous réserve beaucoup de belles choses.

Émeline

Le point de vue des professionnel·le·s

Il peut parfois être difficile de trouver les mots face à une épreuve aussi difficile. Un gouffre s'ouvre, plongeant les parents dans le monde du deuil périnatal. Il y a le reste du monde, et il y a nous, dans ce monde. Un monde qui peut sembler parallèle aux familles. L'entourage, démuni, peut ne pas savoir quoi faire ni comment, pour venir en aide aux parents. Les proches tentent parfois maladroitement de faire ou de dire des choses, en pensant que ça ira mieux. **Mais finalement, si les parents n'avaient pas besoin du « faire », mais plutôt du « être » ? S'ils n'avaient pas besoin d'aide, mais d'une présence, silencieuse peut-être, sans jugement et sans conseil ?**

Connues pour leur présence et soutien durant la grossesse (en pré- et post-partum), les doulas sont aussi présentes dans le cadre d'un deuil périnatal, que ce soit pour le soutien émotionnel, le soutien logistique, aux parents et à l'entourage. Les doulas peuvent être un soutien, un pilier, durant les annonces, les examens et les décisions. Elles peuvent être présentes également durant l'hospitalisation, et pour le retour à la maison. Cette présence se veut discrète, soutenante, bienveillante, chaleureuse.

Les doulas peuvent également aider dans les démarches administratives, dans l'organisation d'éventuelles cérémonies ou de rituels. Mais avant tout, une doula sait surtout être présente dans l'instant, écouter et échanger, tout simplement. L'art d'être présent·e, ancré·e, gardien·ne d'un espace protégé. Je suis là. Je t'offre mon épaule, mes bras. **Je t'écouterai me raconter, me conter, autant de fois que tu le souhaiteras, autant de fois que tu en ressentiras le besoin. Je nommerai, comme tu nommes, dans le respect et la bienveillance. Car nommer, c'est faire exister.**

Vanessa Curé – La Doux Sœur

Célébrons la mort
Comme on célèbre la vie.
Il y a un problème.
Au cœur de la vie,
Ces mots *fracassent*.
La grossesse n'a pas évolué.
Le cœur ne bat pas.
Le cœur doit cesser de battre.
Le cœur ne bat plus.
Ces mots fracassent.
Au cœur de la vie,
Le chaos s'installe.
Un gouffre s'ouvre.
C'est la fin.

Mais n'oublie pas ceci :
Pour mourir,
Il faut vivre.
S'il y a eu *une* fin,
Il y a aussi eu un commencement.
Au cœur du chaos,
Célèbre la vie.
Une vie peut-être courte,
Une vie peut-être connue de peu de personnes,
Mais une vie.
Célèbre la vie.
Adoucis la mort.
Honore la vie.
Honore l'amour.

https://www.ladouxsoeur.com/
@la_doux_soeur.doula

Je n'ai pas la prétention de savoir ce que ressentent les parents, les fratries, la famille, les ami·e·s ou les professionnel·le·s concernés. Je forme juste le souhait, dans ma pratique, de pouvoir entendre votre vérité, votre réalité et de vous faire profiter de cette décennie d'accompagnements sur le sujet, si cela peut vous être ressource. Un cocon, une bulle, un espace où l'échange est possible sans tabou, sans gêne ; où l'on s'autorise à parler de ses émotions sans appréhender de jugements. Perdre un ascendant, tout le monde s'y prépare inconsciemment depuis la naissance. Perdre un descendant, c'est inenvisageable, intouchable, inatteignable. Le vivre catapulte ces couples dans une dimension irréelle.

Beaucoup de parents sont réticents à raconter leur histoire puisque la mort écrase tout sur son passage. Alors, ils gardent pour eux des informations qui leur sont chères, de peur d'être atypiques ou de susciter la pitié. **Il me semble important de les replacer dans la réalité de leur vie de parents, car oui, qu'importe son rang dans la fratrie, cet enfant décédé inscrit ces femmes et ces hommes dans un statut de parent. Lorsque je les rencontre, il est nécessaire d'exposer cette réalité dans nos échanges. « Je suis *mamange*, *papange*, je suis un parent » : un rôle incarné dès la conception et qui se diffuse au-delà des frontières du vivant. Je les félicite de cette naissance vécue dans le silence.** C'est souvent l'occasion pour eux de se rendre compte que le tabou de la mort emporte de nombreuses expériences parentales, sociales ou culturelles. Personne ne les félicite, peu osent leur demander comment s'est déroulé l'accouchement. En amont de celui-ci, nous travaillons sur la nécessité de s'autoriser à vivre les émotions qui se présenteront : sur le versant des affects négatifs ou de la sidération certes, mais aussi, de manière surprenante, celui d'entrevoir la sérénité, l'apaisement ou la joie. Mais les interlocuteurs sont-ils prêts à entendre que ce moment vécu, comme hors du temps, puisse être baigné d'une bulle de souvenirs de bonheur qu'est la rencontre de l'enfant ? Alors, beaucoup de parents limitent la communication, n'osant pas relater la réalité dépourvue de filtre, de peur de ne pas être compris, de choquer ou d'être jugés sur une expérience que peu de personnes peuvent prétendre avoir connue.

Venir en séance, c'est lever le tabou, se reconnecter avec son parcours et continuer à faire vivre l'existence de cet enfant bien après le recueillement de la cérémonie. Ces échanges les conduisent à l'écriture de la suite de l'histoire de leur famille en ayant intégré qu'ils sont maintenant des parents d'enfants dans les étoiles. Vivre un deuil périnatal, c'est se confronter à la privation d'attentions et d'actions, comme la réalisation des faire-part, des photos… Or bébé est bien là : dans la tête, dans le cœur, dans les souvenirs et dans les projections. **Être *paranges*, c'est se construire des rituels de parents ! Réaliser un faire-part, un album-photo, une boîte à souvenirs, choisir un doudou et même recevoir un cadeau de naissance.**

De nombreuses possibilités s'offrent aux parents, mais il faut souvent dépasser les barrières érigées, issues de l'inconscient sociétal. *Paranges*, proches, ami·e·s, professionnel·le·s, souvenez-vous que les dates marquent les esprits. Cet ange s'est invité dans la famille à travers des dates (conception, découverte de grossesse, DPA [date présumée d'accouchement], échographies, accouchement...) : offrez-vous la liberté de les fêter ou de les pleurer si c'est ce que votre cœur vous dit. Le temps passe et les dates reviennent chaque année. Cet enfant, avec son histoire, existera ainsi tout au long de votre vie, et vous accompagnera dans la construction du restant.

« Le cœur dans les étoiles pour s'aimer à l'unisson, entourés de ton invisible présence. »

Fanny Bert, psychologue
https://www.lyonpsychologue.fr/

Lorsqu'un bébé décède avant même d'avoir pu naître ou dans les premières heures de vie, c'est tout un monde qui s'évanouit, souvent sans laisser de trace. Le deuil périnatal, qui touche sept mille familles par an en France, est un tabou immense, et ces petits anges sont invisibilisés, ajoutant ainsi de la peine à la douleur.

Souvenange est une association loi 1901, reconnue d'utilité publique, qui a été créée pour apporter un soutien aux familles en leur proposant d'avoir des photographies suffisamment douces. Nos quelque cent cinquante photographes, tous bénévoles, partout en France, proposent de retoucher les photos existantes (prises par le personnel hospitalier ou par les parents eux-mêmes), mais également, quand cela est possible, d'aller réaliser de tendres photographies du bébé décédé. **Mais pourquoi, nous direz-vous, vouloir des photos d'un bébé décédé ? C'est la question que l'on entend le plus souvent, et notre réponse est invariablement : « Les parents ne souhaitent pas des photos de leur bébé décédé ; les parents souhaitent des photos de leur bébé, tout court. »**

Nous ne photographions pas la mort, nous photographions l'amour et nous permettons à ce bébé d'avoir une place dans la famille par le biais de ces quelques images suffisamment douces pour être partagées et intégrées à l'album familial. **Notre travail est de permettre à ces familles d'avoir un souvenir précieux :** « C'est la preuve de l'existence de cet enfant que nous n'avons pas la chance de pouvoir serrer dans nos bras, mais qui n'en a pas moins sa place dans nos cœurs et au sein de la famille. »

« Nous ne photographions pas la mort, nous immortalisons l'amour. »

https://www.souvenange.fr/
@souvenange

Remerciements

Ce livre est paru une première fois en 2021 chez un éditeur qui a malheureusement dû cesser son activité, mais **je tenais à remercier très chaleureusement Élodie et Alexis, qui ont eu confiance dans ce projet à ce moment-là.**

Un grand merci à Marie, ma nouvelle éditrice, qui a accepté tout de suite de donner une seconde vie à ma bande dessinée et qui m'a aidée à l'enrichir pour en faire ce qu'elle est aujourd'hui.

Un merci tout spécial à mes parents, qui ont été frappés par le deuil périnatal et qui ont permis que ce ne soit jamais un tabou à la maison. Notre petite soeur ange fait bien partie de la famille, de la fratrie, et nous l'évoquons avec beaucoup d'amour.

Merci infiniment à toutes familles, à tous les paranges qui me font confiance depuis plus de dix ans, pour me raconter leur histoire et pour la mettre en dessin. Réunir vos familles en portrait est un grand honneur et donne énormément de sens à mon métier.

Merci à tous ceux qui ont répondu à mon appel à témoignages, pour la réalisation du dossier en fin de livre. Je n'ai malheureusement pas pu tous les y intégrer, mais j'ai pris le temps de les lire un par un, en prenant mon temps, pour rendre hommage, moi aussi, à vos petits anges. **Merci aussi aux familles qui ont accepté que leur portrait apparaisse dans ce livre.**

Merci aussi à Clotilde Noël, et à son merveilleux livre-témoignage *Tombée du nid*, qui m'a tant émue et qui m'a donné envie de parler des petites personnes extraordinaires qui attendent une famille.

Merci, enfin, à tous ceux qui s'étaient procuré la première version de ce livre et qui m'en avaient fait des retours bouleversants. C'est grâce à vous que j'ai décidé de me mettre à la recherche d'un nouvel éditeur, pour que son chemin continue.

Anne

Achevé d'imprimer en septembre 2024
par Graphycems en Espagne.
Dépôt légal : octobre 2024.